VENTE

DES CABINETS DE MM***.

CONSISTANTE en divers morceaux de Peinture, Sculpture, marbre, bronze, yvoire, terre cuite & plâtre, par Bouchardon, Vaſſé & autres; vaſes de criſtal, & autres effets curieux : Deſſins de différens grands Maîtres des trois Ecoles : Eſtampes de choix, tant anciennes que modernes, dont une grande partie des premieres épreuves, & avec remarques.

Par F. BASAN.

Cette vente commencera le Mardi 26 Novembre 1776, & jours ſuivans, de relevée, rue Saint Honoré, à l'Hôtel d'Aligre.

On pourra voir les objets, les matins, de deux jours en deux jours.

Le Catalogue ſe diſtribue,

A PARIS,

Chez le ſieur BASAN, rue & hôtel Serpente.

M. DCC. LXXVI.

VENTE

DES CABINETS DE MM. ***.

Consistant en divers morceaux de Peinture, Sculpture, Marbre, Bronze, Yvoire, Terre cuite & Plâtre, par Bouchardon, Vaſſé & autres; Vaſes de criſtal, & autres effets curieux; Deſſins de différents grands Maîtres des trois Ecoles; Eſtampes de choix, tant anciennes que modernes, dont une grande partie des premieres épreuves, & avec remarques.

TABLEAUX.

N°. 1 L'INTÉRIEUR d'une grande égliſe de Flandres, par Peters Neefs, avec beaucoup de figures par Franck. 10 pouces & demi, ſur 8 & demi de haut, non compris ſa bordure qui eſt neuve.

Autre ſujet pareil, avec deux figures ſur le

devant, par Steenwith. 9 pouces ſur 6 & demi de haut.

2 Un Médecin aux urines, dans le goût de Mieris. 11 pouces ſur 8 de large.

3 Deux charmants payſages, de la compoſition la plus agréable, enrichis de figures, & repréſentant des vues près de Francfort. Ils ſont peints avec beaucoup de préciſion par Schutz, Auteur moderne, & portent 12 pouces ſur 8 de haut.

4 Deux autres petits tableaux très finis, & repréſentant des fruits d'automne, &c. très-bien groupés, peints par Ditch. 7 pouces & demi, ſur 5 de haut.

4 *bis*. La Vierge & l'Enfant Jéſus; ſujet agréable peint par Vouet: on en connoît l'eſtampe par Bazin. 8 pouces ſur 6 de large.

SCULPTURES.

5 LOUIS XIV à genoux ſur un couſſin en manteau royal, de 16 pouces de haut; étude faite en terre cuite pour un tombeau, par Bouchardon; monté ſur un pied de bois noirci & doré.

6 Un enfant, jouant avec un cigne; terre cuite, par Adam l'aîné.

6 *bis*. Un petit buſte de Faune couvert d'une peau de lion, & couronné de pampres: en terre cuite, par Vaſſé, de 10 pouces de haut.

7 Autre tête de jeune garçon, couverte d'un bonnet : aussi en terre cuite, du même.

7 *bis*. Un Ange, écrivant sur le dos du Tems courbé par terre, idem.

Un Saint André, idem.

Un Saint Ambroise, idem.

Une figure de Neptune, idem.

8 Deux figures de Vénus & Amphitrite, en plâtre, sur lequel on a mis une couleur de terre cuite : elles sont bien réparées: & viennent de la vente de Boucher.

9 Deux têtes d'Alexandre & de Pompée; bas-reliefs en bronze doré, de 18 pouces sur 15, non-compris leurs bordures ovales.

Deux autres têtes de Bacchus & Ariadne, aussi en médaillons de bronze doré, sur un fond de marbre blanc, avec bordures & ornemens de forme ovale.

9 *bis*. Une autre tête, en marbre, du Philosophe Aristote, sur un fond noir avec bordure ovale.

10 La figure de Jupiter enfant, la main droite appuyée sur une massue, le corps entouré d'une peau de lion, & ayant près de lui son aigle : cette piece de marbre blanc, porte 3 pieds de haut.

11 Une autre figure d'enfant, aussi en marbre blanc, de même grandeur, & représentant le Dieu Mars avec ses attributs.

12 Autre figure en marbre blanc, de 2 pieds 9 pouces de haut, représentant une petite fille nue, le bras droit appuyé sur une tête de mort.

Effets en Yvoire.

13 Un Christ de 8 pouces de proportion, entouré d'Anges, de Chérubins, & autres attributs analogues; il est posé sur un fond de velours noir dans une bordure de bois noirci de 26 pouces sur 14 de large.

14 Une Vierge tenant dans ses bras l'Enfant Jésus: elle est debout sur un croissant, & foule aux pieds un serpent qui entoure la boule du monde. Ce précieux morceau de sculpture porte 21 pouces de haut, non compris son pied de marqueterie.

15 Saint Jérôme debout, & posant un genou sur un tronc d'un arbre, près duquel est le lion. 9 pouces & demi de haut.

16 Un groupe de trois figures, de 9 pouces de haut, représentant Bacchus, Cérès & Vénus, les bras en l'air, & soutenant une corbeille d'argent doré, du poids de près de vingt onces, sculptée à jour, avec plusieurs groupes d'enfants. Ce morceau vient du Cabinet de la Reine Christine de Suede, ainsi que les suivants.

17 Un groupe de quatre enfants, de 7 pouces de haut, représentant les saisons, non compris le pied en bois doré.

18 Deux jolies figures nues, de 12 pouces de haut, représentant Vénus & Adonis.

19 L'Hermaphrodite, figure couchée, de 9 pouces de long, très-bien exécutée, sur un pied de bois noirci.

20 Deux jolis pendants, de 7 pouces de haut; l'un représente Jupiter enfant porté par son aigle, & tenant dans ses mains son foudre; l'autre est Junon enfant tenant un sceptre, & ayant près d'elle son paon: ils sont montés sur des pieds de bois doré.

21 Deux petites têtes d'Empereurs Romains aussi en yvoire, faites de profil & plaquées sur un fond noir en ovale, de 18 lignes; & de plus une tête d'Impératrice, de 8 lignes de diametre.

22 Une figure de femme Chinoise, en ancien bronze, d'une belle couleur, portant 1 pied de haut.

23 Le buste d'un Pape en bronze doré, fixé sur un fond de marbre jaspé, de forme ovale, de 4 pouces & demi de haut.

24 Un bas-relief en argent, de 6 pouces de diametre, dans sa bordure dorée, représentant Andromede, attachée au rocher & délivrée par Persée.

25 Autre petit bas-relief, aussi en argent, de 3 pouces, représentant Diane au bain, surprise par Actéon, aussi avec bordure.

26 Saint Georges à cheval terrassant le Dragon, petit morceau précieux exécuté en or émaillé, plaqué sur un onyx de forme octogone, de 18 lignes de diametre.

27 Un buste de Cléopâtre, aussi en onyx, d'un pouce, monté en argent.

28 Autre tête de femme, idem de même grandeur, non montée.

29 Une coupe d'agathe, d'une belle forme,

canelée pardessous, ainsi que son pied, de même matiere, & garni de vermeil émaillé; elle porte 8 pouces sur 7 de large.

30 Autre coupe de 6 pouces, en crystal de roche à fleurs, de forme ovale, & montée sur un pied aussi de crystal, avec cercle.

31 Une autre coupe, de même matiere, de 3 pouces, aussi montée sur un pied de crystal de roche.

32 Un cabinet d'ambre, composé de deux coffrets & d'un tiroir exécuté avec art & & délicatesse. Il porte 7 pouces & demi de haut, sur 6 pouces & demi de large.

33 Une tasse en gondole, d'une très-belle agathe, portant 5 pouces dans sa longueur garnie d'un cercle, anses & pied, en argent doré.

34 Trois petits socles en marbre de couleurs différentes, de 6 pouces de haut, propres à mettre des têtes ou figures.

35 Deux ditto, de forme ronde, aussi en marbre.

36 Trois ditto, en bois noirci & doré.

37 Un ditto, garni en bronze doré.

38 Une corne de licorne, de 8 pieds de long. C'est une des plus grandes qui soit en Europe; elle est très-belle & d'une conservation parfaite.

39 Quelques tableaux de fleurs & autres, qui seront vendus en plusieurs lots.

40 Vingt bordures dorées avec leurs verres, de chacune 15 pouces de large, sur 13 de haut.

41 Vingt-quatre autres bordures dorées & unies, auſſi garnies de leurs verres, de différentes grandeurs.

42 Pluſieurs volumes de papier blanc.

DESSINS.

Nota. Les Numéros où il ſe trouve une étoile, déſignent ceux qui ſont encadrés.

ASSELYN. VAN-ARTOIS & HANS-BOL.

43 SEPT payſages & marines diverſes, à la plume & au biſtre.

44 * Une ruine en travers, mèlée de payſage, au biſtre, par Aſſelyn.

BAROCHE. (*Frédéric*)

45 * Une tête de Chriſt, à la pierre noire, venant du Cabinet de feu M. Mariette.

BASSAN.

46 Notre-Seigneur porté au tombeau, ſujet connu par l'eſtampe qui ſe trouve dans le cabinet de Rheinſt: à l'encre de la Chine, rehauſſée de blanc, d'un grand effet.

BAUDWINS. (*le vieux & le jeune*)

47 Six payſages pittoreſques & ornées de figures, à la ſanguine.

48 Quatre paysages plus petits, d'un site très-agréable.

49 Huit autres idem, sur papier bleu, aux crayons noir & blanc.

BAUR. (*Willem*)

50 Neuf petites ruines mêlées d'architecture, & vues de jardins ornés de figures, à l'encre de la Chine.

BLOEMAERT. (*Abraham*)

51 Quatre sujets divers, à la plume & au bistre, dont l'Ange & Tobie, Saint Pierre délivré de prison, &c.

52 L'Adoration des Bergers, & trois feuilles de différentes études de figures.

BOUCHARDON.

53 Une figure d'homme nud, à la sanguine. Etude de sa fontaine, en contr'épreuve.

54 Deux sujets de médailles, aussi à la sanguine.

BOUCHER, *pere.*

55 Loth enyvré par ses filles, petit sujet oval, à la plume & au bistre, spirituellement touché.

BOUCHER, *fils*, *Architecte.*

56 Quatre ruines en hauteur, ornées de figures, spirituellement faites à gouache.

BOULONGNE. (*Louis de*)

57 L'Adoration des Rois, grand ſujet en travers, au biſtre.

BLOEMEN. (*Van*)

58 Six vues & ruines pittoreſques, deſſinées à Rome; à l'encre de la Chine.
59 Neuf autres payſages & ruines, idem.
60 Huit idem.
61 Treize idem.
62 Six idem.
63 Cinq belles études de vaches & chiens, à la ſanguine, très-bien rendues, par le même.
64 Sept autres idem, chevaux, chiens, &c.
65 Cinq autres idem, à la pierre noire & encre de la Chine.

BORGIANI. (*Horace*)

66 Six ſujets divers, Vierge, bas-relief, &c. à la plume & au biſtre.

BOUT.

67 Une vue du village de Boëlrick en Flandres, avec figures & animaux, à l'encre de la Chine.

BRAMER.

67 *bis*. Un Philoſophe aſſis, tenant un grand Livre, à l'encre de la Chine, dans le ſtyle de Rembrandt.
68 La cérémonie de l'Onction, donnée par

un Evêque, exécuté à l'encre de la Chine, rehaussée de blanc.

BRIL. (Paul)

69 Cinq paysages & vues d'Italie, au bistre & à l'encre de la Chine.

CALLOT.

70 * Une marine, avec ruines & figures, à la plume & au bistre.

CHASLES.

71 Deux ruines en travers, aux crayons noir & blanc.

CLERK. (Henry de)

72 Quatre sujets divers, à la plume & au bistre, dont Saint Luc peignant la Vierge, sujets de guerre, &c.

COCHIN, Chevalier de Saint Michel.

73 La décoration du feu tiré à Meudon en 1735, ornée de figures & paysages, dessinée à l'encre de la Chine; on en connoît l'estampe de même grandeur.

COLIN DE VERMONT.

74 L'Extrême-Onction administrée à un mourant; belle composition sur papier bleu, au bistre, rehaussé de blanc.

CRAYER. (Gaspard de)

75 Trois sujets faits à l'huile sur papier, dont un Prêtre à l'Autel célébrant la Messe, un saint Evêque guérissant un possédé, &c.

DESFRICHES, Amateur.

76 La vue d'un château fortifié au bord d'une riviere, au biſtre, par Desfriches.

DESHAYS.

77 Trois compoſitions différentes ſçavamment touchées à la plume & au biſtre.

DEYSTER. (Louis de)

78 Sept ſujets divers de l'hiſtoire de Saint Benoît & autres, à la plume, &c.

DIEPENBEKE. (Abraham)

79 Huit ſujets divers de dévotion, Saint Jean, Saint Roch, titres de Livres, &c. au biſtre & à l'encre de la Chine.

80 Vingt-trois autres ſujets divers, Chriſt, Job ſur le fumier, &c.

81 Quatorze petits ſujets divers, faits pour des pieces nommées vélins, & autres hiſtoires.

82 Treize autres idem.

DOOMER.

83 La vue d'une Egliſe de Flandres, à la pierre noire & au biſtre.

DOUVEN, (François) Eleve du Chevalier vander-Werff.

84 Une Magdeleine pénitente, deſſin terminé & exécuté à l'encre de la Chine.

EVERDINGEN, & autres Payſagiſtes.

85 Quatre payſages divers, à la plume & au biſtre.

FABER. (*Martin*)

86 Seize petits paysages très-pittoresques, au bistre.

FOUQUIER & FRANCISQUE.

87 Onze paysages divers, à la plume & au bistre.

FRANCK (*le Vieux*), & *VAN-HELMONT.*

88 Cinq sujets divers, dont Saint Joseph tenant l'Enfant Jesus, une compagnie de divers personnages à table, à la plume & à l'encre de la Chine, &c.

FRAGONARD.

89 * Un sacrifice au Dieu Pan, à la plume & au bistre.

GENOELS.

90 Dix-huit paysages à la plume, dont quelques-uns sont colorés.

GERAERTS. (*Martin-Joseph*)

91 Deux sujets de bas-reliefs, au bistre, & un de Saint Nicolas, aux crayons rouge & noir.

GOLTZIUS. (*Henri*)

92 Quatre sujets divers, à la plume & au bistre, dont l'Annonciation, une gloire d'Anges, un bain de femmes, &c.

GUERCHIN. (*le*)

93 * J. C. portant ſa croix & maltraité par des bourreaux, à la pierre noire, mêlée de ſanguine eſtompée, très-bien conſervé.

93 *bis*. L'entrée d'une troupe de ſoldats dans une ville de guerre, & un payſage, à la plume & au biſtre.

HAUSSER. (*G. A.*)

94 Quatorze ſujets de femmes & animaux divers, à la plume & lavê au biſtre.

HEMSKERKE. (*Egbert van*)

95 Cinq ſujets différens de Tabagie, à la plume, au biſtre & à la mine de plomb.

HERREGOTS. (*le Vieux*)

96 L'élévation de J. C. en croix, très-grande compoſition au biſtre, rehauſſé de blanc, & deux autres ſujets.

HOLLAR.

97 Quatre petits payſages & vues d'Allemagne, à la plume & au biſtre.

HORST. (*Nicolas vanden*)

98 Dix petits ſujets divers de dévotion, à la plume & au biſtre.

HUET.

99 Un payſage, dans lequel ſe voit une chienne caniche entourée de cinq petits chiens qu'elle allaite, à l'encre de la Chine.

JANSSENS. (*Victor-Honoré*)

100 Sept ſujets divers ſur papier bleu, à la plume & au biſtre, rehauſſé de blanc, dont la mort de Didon, l'Enfant prodigue, &c.

JORDANS. (*Jacques*)

101 Une femme à ſa toilette, accompagnée de la Folie, &c. ſujet connu par l'eſtampe de même grandeur, jointe ici, & retouchée par l'Auteur. Morceau précieux à la pierre noire, & lavé de biſtre, d'une conſervation parfaite.

102 Deux ſujets colorés, par le même; les Pélerins d'Emaüs, & un bain de femme.

103 Trois autres ſujets auſſi colorés; Fuite en Egypte, Adoration des Rois, & Marchande de légumes.

104 Sept études de bœufs, chevre, & autres animaux, à la ſanguine & pierre noire.

LA FAGE. (*Raymond de*)

105 Un ſaint Evêque en prieres au pied d'un autel, & prêt à être maſſacré, d'une plume fine & légere, lavé d'encre de la Chine.

LA FOSSE. (*Charles de*)

106 Un ſujet de plafond; d'une compoſition fort agréable, de forme octogone, à la plume & lavé d'encre de la Chine.

LALLEMAND.

106 *bis*. * Deux vues de Rome ancienne, avec diverſes figures peintes à gouache avec intelligence.

LA RUE. (*De*)

107 Une Bacchanale, où ſe voit un vieux Satyre monté ſur un âne; d'une plume très-fine, & lavé d'encre de la Chine.
108 Deux ſujets en travers de l'Hiſtoire Grecque, exécutés au biſtre.
109 Cinq ſujets de triomphes & ſacrifices, idem.
109 *bis*. Deux grands ſujets en travers; Sacrifice antique & Bacchanale; à la plume & au biſtre.

LANG-JAN, ou autrement *JEAN VAN BOKHORST*.

110 Six petits ſujets ſur papier rougeâtre, au biſtre du même ton & rehauſſé de blanc, la Converſion de Saint Paul, le Martyre de Saint Etienne, &c.
111 Quatre autres ſujets plus grands, ſpirituellement lavé de biſtre, dont l'Aſſomption de la Vierge, le char du Soleil précédé de l'Aurore, &c.
112 Sept petits ſujets divers colorés, dont les Vierges ſages & folles; pluſieurs allégories ſur la Religion & les Arts, ſpirituellement touchées.

LEBRUN. (*Charles*)

113 Le deſſin fait pour la thèſe de la Paix, qu'a gravé Edelinck, de la grandeur de l'eſtampe.

LEMAY.

114 Deux jolies vues coloriées, deſſinées d'après nature, ſur le rappel, près de Boom & de Dinant ſur la Meuſe.

115 Deux autres idem, de la porte du rivage de Bruxelles allant à Anvers, & d'un village ſur la Meuſe, près de la petite ville de Fumay.

116 Deux autres idem, auſſi coloriées, dont une eſt la vue de la ville & grande roche de Dinant; l'autre repréſente les veſtiges du vieux château d'Agimont, près de Liége.

117 Deux feuilles contenant huit petits payſages & marines, faits à la ſanguine.

118 Deux payſages, d'après nature, près de Fontainebleau, avec ruines & figures, au biſtre & à l'encre de la Chine.

LIBERTI.

119 Neuf ſujets divers, jeux d'enfans & autres, à l'encre de la Chine & à la pierre noire.

LIOTARD, Graveur & Deſſinateur.

120 Deux ſujets d'enfans, d'après Boucher, à la pierre noire rehauſſée de blanc. On en connoît les eſtampes, par Daullé.

LOF.

LOF. (*J. de*)

121 Sept ſujets divers, la plupart coloriés, dont Saint François ſtigmatiſé, la Viſitation, la Converſion d'un Indien par un Carme, &c.

MAES. (Godefroy)

122 * Le martyre de Saint George, deſſin capital de ce célebre Artiſte, dont on voit le tableau à Anvers dans l'égliſe de ſon nom. Il eſt fait au biſtre rehauſſé de blanc, & d'un grand effet: la conſervation en eſt parfaite. Il a 26 pouces de haut, ſur 18 de large.

123 Six petits ſujets à l'encre de la Chine: la Cène; miracle opéré par un Evêque, &c. d'une touche fine & ſçavante.

124 Sept autres idem. Jéſus-Chriſt dans ſa gloire: l'Aſſomption de la Vierge, &c.

MANDER. (Carle van)

125 Joſeph vendu par ſes freres, grande compoſition mêlée de beaucoup de figures & payſage, au biſtre rehauſſé de blanc.

126 Une Nativité, une Adoration des Bergers, & un autre ſujet à la plume & au biſtre.

MIGNARD. (Pierre)

127 * La Circonciſion, belle compoſition à la pierre noire.

128 * Achilles recevant des mains de ſa mere les armes qu'elle lui avoit fait préparer pour

combattre, ſujet au biſtre, d'une agréable compoſition.

MOLYN. (*Pierre*)

129 Sept jolis payſages pittoreſques, à la pierre noire & au biſtre.

MOMPER. (*Joſſe de*)

130 Douze payſages montagneux, à la plume & au biſtre.

131 Quatorze autres idem.

MOUCHERON. (*Iſaac*)

133 Un payſage très-agréable, riche de compoſition, avec lointains & chûte d'eau; il eſt orné ſur le devant, de pluſieurs groupes de figures & animaux, & coloré avec beaucoup d'intelligence. 14 pouces ſur 9 de haut.

134 La vue d'un jardin orné d'une fontaine & terraſſé à l'encre de la Chine.

135 Un grand payſage montagneux & rempli de fabriques pittoreſques, exécuté par le vieux Moucheron, à l'encre de la Chine, & d'un grand effet.

NEYTZ (*Gilles*), *& autres Maîtres.*

136 Dix payſages & ruines, à la plume & au biſtre.

OSTADE. (*Adrien van*)

137 Deux hommes aſſis, tenant une pipe &

un pot de bierre ; petits deſſins colorés, de 3 pouces & demi ſur 2 & demi de large.

OTTO VENIUS.

138 Le Martyre de Saint André ; grand ſujet en hauteur, au biſtre d'un bel effet, & dont il en a exécuté le tableau à Anvers, pour l'égliſe du nom de ce Saint.

139 Quarante ſept petits ſujets emblématiques, peints au biſtre ſur papier.

OUDRY.

140 Cinq ſujets de l'hiſtoire de Ragotin, à la pierre noire rehauſſée de blanc.

OVERLAET. (*Antoine*)

141 Le lievre pendu par la patte, copié de même grandeur que l'eſtampe d'Hollar, faite ſupérieurement bien à la plume, à l'imitation de la gravure.

142 Une petite marine, d'après Wouvermans; & un ſujet d'après Bloemaert, où ſe voyent deux chevaux & un palfrenier.

143 Saint Pierre délivré de priſon, d'après Vouet ; & une figure de Mendiant.

OZANNE.

144 * Un port de mer orné de diverſes figures, lavé à l'encre de la Chine.

PADOUAN. (*Le*)

145 Neuf petites têtes d'hommes & femmes, aux crayons noir & blanc.

145 *bis*. Deux autres, par le même.

PALMIERI.

146 Deux grands paysages en travers, supérieurement dessinés à la plume, & touchés avec esprit; l'un est fait d'après un superbe tableau de S. Rose, dont le site est des plus agréable; l'autre est de la composition de ce célebre Artiste, & dans le style de Zuccarelli. Ils portent chacun 27 pouces sur 20 de haut.

146 *bis*. Deux autres paysages, non moins intéressans, & d'un précieux fini; l'un est d'après Cl. Lorrain; l'autre de son invention, dans le goût de S. Rose: ils sont de formes octogones, & portent 14 pouces sur 11 de haut.

147 Une maison de paysan, où se voit à la fenêtre une femme qui verse de l'eau sur un homme qui se soulage près du mur; plusieurs autres accessoires rendent ce sujet très-pittoresque; il est de la composition de l'Auteur, & est tout-à-fait dans le style de J. Miel. 11 pouces sur 8 de large.

147 *bis*. Un sujet militaire, exécuté à la plume comme les précédents, d'après un tableau de Simonini. 19 pouces sur 14 de large.

148 Deux superbes marines, mêlées de ruines, rochers & figures intéressantes, exécutées de même d'après des tableaux de Manglard. 20 pouces sur 9 de haut.

148 *bis*. Deux paysages, avec figures & di-

vers animaux, d'après Berghem. 12 pouc. sur 9 de large.

PANNINI. (*Jean-Paul*)

149 Deux ruines d'architecture, au bistre & à l'encre de la Chine.

PICART. (*Bernard*)

150 Trois sujets faits pour la Bible de Mortier, & un quatrieme idem, par G. Hoet; à l'encre de la Chine.

150 *bis*. Cent dix petits sujets de forme in-12. Hermites, Hermitesses, & autres sujets.

PERIGNON.

151 Deux petites vues colorées, dessinées d'après nature, à la Ferté près de Venteuil.

PEYROTTE.

151 *bis*. Dix trophées de jardinage, & autres, à la pierre noire.

QUAST. (*Pieter*)

152 Un sujet très-grotesque, composé de six figures, fait avec beaucoup de soin à la mine de plomb.

QUELLINUS. (*Erasme*)

153 Le repas du Pharisien, grande & belle composition, mêlée d'architecture dans le style de P. Véronese, exécutée en couleurs & à l'encre de la Chine.

154 La Cène, & la Visitation de la Vierge;

ces deux morceaux sont aussi colorés, & bien conservés.

155 La guérison des malades, très-grande composition en hauteur, dont on connoît le tableau de ce Maître à l'église de Saint Michel à Anvers, au bistre rouge & pierre noire.

156 Quatre sujets divers, colorés & à l'encre de la Chine, dont la Présentation de la Vierge au temple, l'Aveugle né guéri, &c.

157 Sept idem colorés: Jésus-Christ présenté au peuple, Saint Charles, Saint André, les Docteurs de l'Eglise, &c.

158 Douze autres sujets du même, à la pierre noire, &c.

159 Deux beaux sujets colorés: le couronnement d'un Empereur, & le repas de Cléopâtre.

160 Sept sujets divers, à l'encre de la Chine.

161 Douze pieces d'architecture & décorations de jardins, dont un grand arc de triomphe à la gloire de Don Juan d'Autriche, au bistre & à la pierre noire.

RADEMAKER.

162 Deux jolis paysages montagneux, vues d'Allemagne ornées de figures, à la plume & à l'encre de la Chine touchés avec esprit, & de plus deux autres par le même.

RAPHAEL. (d'Urbin)

163 Les Saintes Femmes au pied de la croix,

dessin précieux fait à la plume, où l'on peut admirer la finesse & précision du trait sûr que mettoit ce grand Homme dans ses ouvrages.

163 *bis*. Une figure d'homme à la sanguine, vue par le dos, du même.

164 * La figure du jeune David, tenant la tête de Goliath, à la plume, du Cabinet de M. de Jullienne.

REMBRANDT, van Rhin.

165 Deux lions faits au bistre, d'une touche large & hardie, & de plus trois autres sujets & paysages.

ROBERT.

166 * Deux superbes dessins coloriés avec art & ornés de quantité de figures, représentant une galerie & une voûte antiques, du plus grand effet & du plus beau de ce célèbre Artiste: ils portent 24 pouces sur 18 de large, non compris leurs bordures.

166 *bis*. * Deux autres ruines, mêlées de figures & aussi coloriées, portant chacune 15 pouces sur 12 de haut.

ROTTENHAMER.

167 Cinq petits sujets, d'une composition agréable, à la plume & au bistre, dont le bain de Diane, &c.

RUBENS.

168 * L'Assomption de la Vierge, dessin ori-

ginal du célèbre tableau de ce Maître, qui se voit à la Cathédrale d'Anvers, & connu par l'estampe qu'en a gravé Lommelin: il est coloré & peint sur papier avec beaucoup d'effet. On remarque dans toutes les têtes une expression admirable: il est d'une parfaite conservation & porte 30 pouces sur 18 de large.

169 Un bas-relief antique, dans lequel se comptent vingt-cinq figures, dessiné à la plume avec précision.

Un combat de Macédoniens, d'après un onyx, avec des notes de la main de Rubens.

Et de plus, deux feuilles d'études de différentes figures d'hommes & de femmes.

170 Trois études de Jesus-Christ crucifié, dont un sur parchemin fait à la plume avec tout l'esprit possible.

171 Huit petites esquisses diverses, à la plume & au bistre, dont le denier de César, le bain de Diane, &c.

172 Quatre sujets divers à la plume & au bistre, & peints en couleur sur papier, dont la pêche miraculeuse, la vocation de Saint Matthieu, & une Sainte Famille ovale de même grandeur que l'estampe qu'en a gravé Witdoeck.

173 Onze autres, par le même, à la pierre noire & au bistre rehaussé de blanc, dont un calice très-bien exécuté; Charles-Quint à cheval, plusieurs études, &c.

173 *bis*. Huit compositions & études diver-

ſes, d'après ce Maître, par pluſieurs de ſes Eléves.

SALLAERTS.

174 Neuf petits ſujets divers, à la plume & au biſtre, rehauſſé de blanc, dont l'Ange exterminateur frappant les premiers nés d'Egypte; les Juifs faiſant la Pâque, &c.

SALVATOR ROSE.

175 Quinze petites figures de Guerriers & autres, exécutées à la plume & ſpirituellement touchées; & de plus, un payſage ſur papier bleu, au biſtre rehauſſé de blanc.

SALVIATI.

176 Neuf ſujets de Vierges & autres, à la plume & au biſtre.

SARAZIN.

177 * Un payſage en travers, avec figures & animaux, à la pierre noire.

SCHUT. (*Corneille*)

178 Onze ſujets & eſquiſſes diverſes, dont le Jugement dernier, &c.

SNEYDERS. (*François*)

179 Treize études diverſes de pluſieurs chiens, loups, &c. à la plume & à la pierre noire, faites avec eſprit.

SPRANGER.

180 Un grand ſujet allégorique ſur la guerre

& les arts, à l'encre de la Chine rehauſſée de blanc, & de plus quatre autres petits ſujets divers, à la plume, dont Moyſe ſur les eaux, &c.

181 Trois autres jolis ſujets à l'encre de la Chine, dont l'enlévement d'Europe, Vénus ſur les eaux, &c.

SWARTS. (*Chriſtophe*)

182 Dix ſujets divers, dont une deſcente de croix, la femme adultere, &c. à la plume & au biſtre, &c.

SUBLEYRAS, (*Madame*) ou *Félix Tibaldi.*

183 Deux ſujets colorés & exécutés à gouache ſur ſatin, d'après des compoſitions de Romanelle, repréſentant la mort d'Alexandre, & les Chevaliers Danois venant retirer Renaud du palais d'Armide.

TENIERS. (*le vieux*)

184 Un grand ſujet en travers, repréſentant les œuvres de miſéricorde, à la plume & lavé d'encre de la Chine: le tableau original ſe voit à Anvers, dans l'égliſe des Dominicains.

TENIERS. (*David*)

185 Une marine avec figures, deſſin colorié, une fête de village & une tabagie, à la plume & au biſtre.

Un joli payſage à la mine de plomb, & quatre feuilles d'études d'animaux, &c. à la pierre noire.

VANDE-VELDE, (Adrien) & Willem.

186 Cinq petits & moyens payſages, avec figures, à la pierre noire & au biſtre.

187 Deux marines de forme longue, à l'encre de la Chine, avec diverſes figures ſpirituellement touchées.

VANDER-CABEL.

188 Deux marines ornées de ruines, montagnes & figures, à la pierre noire rehauſſée de blanc, ſur papier bleu.

VANDER-MEULEN. (Antoine-François)

189 Deux détachemens de cavalerie en marche, dans un beau payſage. Ces deux deſſins ſont exécutés à la ſanguine avec beaucoup de ſoin.

VANDER MYN.

190 La Nymphe Erigone nue, aſſiſe ſur une peau de tygre, & regardant avec paſſion Jupiter transformé en grappe de raiſin que lui vient préſenter un groupe de trois Amours. Le fond eſt orné d'un joli payſage fort agréable, & ce précieux deſſin eſt fait à la pierre noire ſur velin. 13 pouc. ſur 9 de large.

191 Le Buſte d'un Chevalier de Malthe

dont la tête eſt d'un très-beau caractere ; exécuté à la mine de plomb ſur velin.

VANDER NEER.

192 Un clair de lune, & cinq autres jolis payſages, à la plume & au biſtre.

VAN DYCK. (*Antoine*)

193 Une deſcente de croix, d'une belle compoſition pleine de feu & d'eſprit; au biſtre : 14 pouces ſur 8 de large.

194 La famille de Charles I, ſujet connu par l'eſtampe qu'en a gravé à Londres Baron ; au biſtre : 7 pouces ſur 5 de large.

195 Deux portraits & deux petits ſujets, par le même ; à la pierre noire & au biſtre, dont celui de van Wouver, &c.

196 Sept ſujets & études, par le même, dont un Chriſt mort ſur les genoux de la Vierge, &c. à la pierre noire & au biſtre.

VAN HALL. (*Jacques*)

197 Deux grands ſujets à la pierre noire ſur velin, deſſinés avec ſoin, & repréſentant le déluge & la guériſon des malades.

198 Deux moyens deſſins en travers, exécutés de même que les précédents & les ſuivants de cet artiſte. Ils repréſentent des ſacrifices au Dieu Pan, & les compoſitions en ſont agréables.

199 Quatre autres idem, Sacrifice d'Iphigénie, Andromede, Syrinx, & Proſerpine enlevée.

200 Quatre idem, Jugement de Pâris, Mercure & Herſé, Vertumne & Pomone, &c.

201 Quatre autres ſujets de la Fable, exécutés à la mine de plomb & pierre noire ſur velin, dont Latone vengée, &c. & de plus, deux petites ſaintes Familles ſur papier.

202 Deux ſujets de plafond, que l'Auteur a exécuté en peinture dans la Chapelle de la ſodalité des Jéſuites à Anvers; l'un des deux eſt coloré.

VAN HERP.

203 La courſe d'Atalante, une allégorie militaire, & de plus cinq études de pluſieurs figures & groupes; à la ſanguine & pierre noire.

VAN HUYSUM. (Jean)

204 Un payſage coloré, mêlé d'architecture & ruines, avec deux figures ſur le devant, qui repréſentent Vertumne & Pomone. 10 pouces ſur 8 de haut.

205 Autre ſujet pareil dans un beau payſage mêlé d'architecture, & exécuté à l'encre de la Chine rehauſſée de blanc; de même grandeur, ſur papier gris.

206 Deux autres très-jolis payſages, avec figures, animaux & lointains, légerement faits à la pierre noire & encre de la Chine ſur papier blanc.

VANLOO. (*Carle*)

207 * Une très-belle académie debout; à la ſanguine, dans une large bordure dorée.

VAN ORLEY. (*R.*)

208 Une belle ſainte Famille, & trois autres ſujets, dont un Chriſt mort, la Chaſteté de Joſeph, &c. tous les quatre exécutés avec beaucoup de ſoin à l'encre de la Chine.

209 Un Chriſt, l'Annonciation & cinq autres ſujets hiſtoriques, dont la vue de l'égliſe de la Vierge à Lorette, &c. auſſi à l'encre de la Chine.

210 Dix-huit petits ſujets divers idem, dont pluſieurs de la vie de Saint Bernard.

211 Dix autres petits ſujets de dévotion & d'hiſtoire.

211 *bis*. Quinze autres pieces idem, à la plume & lavées d'encre de la Chine.

VAN-UDEN. (*Lucas*)

212 Deux ſuperbes payſages coloriés avec intelligence & de la plume la plus légère : dans l'un, on voit une riviere ſerpenter autour d'un village dont on apperçoit quelques maiſons & un homme aſſis ſur le devant; dans l'autre, pluſieurs grands arbres s'élevent de deſſus une montagne; dans le fond, on apperçoit deux clochers. Ils ont 13 pouces ſur 8 de haut.

213 Deux autres idem du même faire: l'un

repréſente une forêt avec riviere qui la borde, & ſur le devant des Chaſſeurs avec leurs chiens ; l'autre, offre aux yeux un pays montagneux, mêlé de brouſſailles, avec un vieux château dans le fond.

214 Deux autres plus petits payſages auſſi coloriés, où l'on voit diverſes chaumieres entourées d'arbres.

214 *bis*. Quatre autres payſages coloriés & à la pierre noire.

215 Quatre autres petits payſages, de 5 pouces ſur 4 de haut, à la plume & lavés avec la plus grande légereté.

215 *bis*. Six payſages en travers & trois autres en hauteur ; études différentes, du même.

VERNET. (Joſeph)

216 Un charmant payſage, avec ruines & lointains, orné de deux figures ſur le devant ſupérieurement bien deſſiné, à la pierre noire, & lavé d'encre de la Chine. On connoît la rareté des deſſins de cet habile Homme.

VERRYCK. (Th.)

217 Quatre très-jolies vues de la Hollande, colorées & bordées de canaux.

VINKEBOONS.

218 Trois payſages en travers, dont deux ſont coloriés & ornés de figures.

VOS (Martin de) & VIANEN.

219 Six sujets divers, à la plume & au bistre, dont Jesus-Christ devant Pilate, Diane au bain, &c.

WAGNER.

220 Quatre ruines & paysages, largement dessinés au bistre & ornés de jolies figures.

WATTEAU.

221 Une feuille contenant quatre études de diverses figures & groupes à la sanguine.

WILLE le fils, Peintre du Roi.

222 L'intérieur d'un appartement, où se voit une jolie femme en habillement du matin, pinçant une guittare; près d'elle est un Financier qui paroît dans l'enthousiasme, une femme de chambre est derriere qui présente un bouillon. Il regne dans ce sujet, qui est vigoureusement coloré & fait avec soin, une vérité singuliere. Il porte 17 pouces sur 15 de large.

223 Autre intérieur d'appartement bien décoré, où se voit un groupe de cinq figures qui y représentent une scène intéressante & pathétique: un jeune militaire, qui part pour l'armée, vient faire ses adieux à sa maîtresse; le pere de la demoiselle retiré du service, lui montre sa croix de Saint Louis, qui est sur une table, en lui faisant entendre que la main de la fille n'est qu'à ce prix. Il est aussi

aussi coloré, & porte 20 pouces sur 16 de haut.

224 Un sujet en hauteur, rempli d'expression, coloré, & composé de six figures intéressantes, occupées à regarder la lanterne magique. Il porte 20 pouces sur 16 de large. Il est fait avec beaucoup d'art, par le même Artiste.

WEIROTTER.

225 * Deux petits paysages & marines au clair de la lune, sur papier bleu, d'un effet piquant.

ZINGG.

226 * Deux très jolis paysages, avec figures à l'encre de la Chine.

MÉLANGE

DE DIFFÉRENS MAITRES.

227 Trois grands dessins, à la plume & au bistre réhaussé de blanc, dont la mort d'Adonis de J. Rom : l'ignorance & la fourberie, par le Primatice, &c.

228 Cinq sujets divers, par le Tintoret, Palme & autres, dont la Présentation de la Vierge au temple, &c.

229 Six têtes de différens caracteres : hommes & femmes, à la sanguine & pierre noire par le Carrache & autres.

230 * Quatre petits deſſins encadrés, dont Vénus & Adonis, de P. Véroneſe: Saint Philippe enlevé au ciel, de Blanchet, &c.

231 * Douze autres petits ſujets divers, par différens Maîtres, dont une tête du Guerchin : le bon Samaritain, &c.

232 La Vierge environnée de pluſieurs Saints, deſſin lavé d'indigo & rehauſſé de blanc, d'un bel effet, par Raphael Schiaminozzi, & deux autres du Cangiage, &c. au biſtre.

233 La Décolation de Saint Jean-Baptiſte dans la priſon, au biſtre rehauſſé de blanc, par Horace Gentileſchi, & de plus, trois études diverſes, par Fr. Zuccaro, Titien & Joſepin.

234 Quatorze ſujets divers, par van Balen & autres, Annonciation, &c.

235 Quatorze deſſins du Cavalier Bernin, & autres Maîtres Italiens.

236 Seize autres, du Carrache, Cangiage, &c.

237 Treize ſujets divers, dont une marche d'animaux, dans le goût de J. Miel, &c.

238 Onze petits deſſins, à la plume, par Callot & autres.

239 Dix ſujets divers, par Otto Vænius, & autres, dont les Vertus théologales, &c.

240 Dix grands ſujets différents, par Loybos & autres.

241 Sept ſujets divers, dont pluſieurs ſont colorés, par Palamedes, J. Jordans, &c.

242 Six idem, par Naldini, Fr. Queſnoy, &c.

Six marines & ſujets divers, par B. Peters, D. Ryckaert, &c.

243 Trois marines & payſages, par C. de Wael, Lingelbach, &c.

244 Dix ſujets divers, par différents Maîtres, dont une Vierge, par de la Hire, &c.

245 Dix-huit petits deſſins à la plume & au biſtre; Figures des Dieux & Déeſſes, par H. S. F. & ſujets de la vie de Saint Benoît.

246 Vingt-trois ſujets divers, par van Thulden, & autres.

247 Trente-neuf petits deſſins à la plume, par Tiarini, H. Brandi, &c.

248 Cinq feuilles d'études & croquis, par Brauwer, Slingerlandt, &c.

249 Douze petits payſages & croquis divers, par Berghem, Waterloo & W. Baur, au lavis & à la ſanguine.

250 Dix-ſept portraits & ſujets divers, par Soutman, & autres.

251 Six études diverſes, par Watteau & M. le Bas, à la ſanguine, &c.

251 *bis.* Quatre perroquets & autres oiſeaux colorés.

252 Dix ſujets divers, par Rubens, Van-Dyck, L. Jordano, &c. à la plume & au biſtre.

253 Quatre payſages, à la pierre noire & à l'encre de la Chine, par Vander-Meer & Baudwins.

254 Trois marines, ruines & payſages, au

bistre & à l'encre de la Chine, par Vander-Cabel & Winkeboons.

255 * Quatre sujets divers, dont un par Rembrandt au bistre; un titre allégorique, à la sanguine, &c. par Dieu.

256 Quatre différens sujets, à la sanguine & au bistre, par Parocel & Vander-Meulen.

257 Trois compositions & études d'une figure de Bacchus, par le Moine & Natoire, au bistre & à la pierre noire.

258 Sept figures académiques, & un des sujets du chœur des Petits Peres, par C. Vanloo, Natoire, &c.

259 Six feuilles contenant trente-deux études de têtes, pieds & mains, dessinés par S. Vouet, à la pierre noire.

260 Dix autres études diverses, par Jouvenet, le Brun, Vouet & autres.

261 Un Repos en Egypte, à l'encre de la Chine, rehaussé de blanc, par Séb. Bourdon, & la naissance de la Vierge idem, par le Sueur.

262 La Descente du Saint Esprit sur les Apôtres, au bistre, rehaussé de blanc, par Bon Boulongne, & trois autres sujets, par de la Fosse & le Brun.

263 Onze sujets divers, par de Troy, de la Rue, & autres.

264 Vingt-quatre idem : dont plusieurs de Diépenbech, Watteau & autres.

265 Quatre paysages & sujets, par Restout, Chasles, &c.

266 Trois projets d'autels, colorés par Meis-

267 Vingt-cinq paysages, morceaux d'architecture, &c. par della Bella, Silvestre, de la Fosse, &c.

268 Dix-huit sujets divers: marines, vaisseaux, &c. par différens Maîtres.

269 Trente petits sujets divers, dont plusieurs croquis, par Rembrandt, de Troy, Coypel, & autres.

270 Douze autres petits sujets, par de la Monce, de la Rue & autres.

271 Trente idem, dont plusieurs sujets de médailles, par Bouchardon, &c.

272 Huit sujets divers, par van-Dyck & autres.

273 Treize croquis divers, par Rembrandt & autres, à la plume & au bistre, spirituellement touchés.

274 Vingt-deux sujets & ornemens divers, par Huret & Meissonier.

275 Quarante-neuf paysages & pieces d'architecture, par de la Fosse Architecte, & autres.

276 Cinq feuilles d'animaux, par Snyders, & cinq portraits d'Artistes, par différens Maîtres.

277 Dix-huit feuilles de différens principes du dessin; têtes, pieds, mains, &c. par C. Vanloo, M. A. Slodtz, & autres.

278 Huit têtes & académies diverses à la sanguine, &c. par Boucher, M. Pierre, &c.

279 Six petits sujets, & une tête, par Vignon, Fragonard, Greuze, &c. à la plume & au bistre.

280 Un portefeuille de différens deſſins, qui ſera partagé en pluſieurs lots.

ESTAMPES.

280 *bis*. La mort de Saint François, gravée par Aug. Carrache, d'après le Vanius, ſuperbe épreuve.

281 La Sainte Cécile, d'après Raphael, par M. Antoine; premiere épreuve avec le collier.

282 Trente ſujets de Vierges & autres, gravés à l'eau-forte, par le Guide, Peſarès & autres.

283 Trente-huit idem, par les Carrache, C. Maratte, & autres, dont l'Aumône de Saint Roch, &c.

284 Quarante-trois ſujets divers, par Auguſtin & Annibal Carrache, dont pluſieurs Vierges rares, & diverſes pieces du Livre à deſſiner; le tout en anciennes épreuves.

285 Trente eaux-fortes, par différents Maîtres Italiens & Flamands, dont le Martyre de Saint Barthelemy, par l'Eſpagnolet; la Samaritaine, de C. Maratte, &c. &c.

286 La ſainte Famille, par Edelinck, d'après Raphael; belle épreuve, quoiqu'avec les armes effacées.

287 La ſainte Famille aux Lunettes, d'a-

près le Carrache, & la Vierge embrassant son fils, d'après le Titien ; toutes deux par Bloemaert ; très-belles épreuves.

288 La mélancolie, du Féti ; la Magdeleine, de B. Luti, & une autre Magdeleine au désert, d'après Seghers, par Vorsterman.

289 Les trois pieces de Duchange, d'après le Corrége, dont deux sont des premieres épreuves.

290 Les quatre grands sujets d'après l'Albane, gravés par Baudet ; toilette de Vénus, &c. des premieres épreuves ; & de plus, les quatre Eléments, par les mêmes, de forme ronde.

291 Quatre-vingt-dix piéces gravées à l'eau-forte, par le Comte de Caylus, d'après divers dessins de grands Maîtres du Cabinet du Roi.

292 Trente-cinq paysages de M. Ricci, dont une partie gravée par lui-même.

293 Dix sujets divers, gravés par Villamene, des premieres épreuves, dont le Saint François, le Jugement dernier, les Pénitens, &c.

294 Seize par le même, dont les Saints Jérôme, François Xavier & Ignace ; la Présentation au Temple, d'après P. Véronese, &c.

294 *bis.* Cinquante-deux autres sujets divers par le même Villamene, Christ, Sainte Thérese, Pieces allégoriques, &c.

295 La Vierge distribuant le rosaire à Saint

Dominique, par Vorſterman, d'après M. A. de Carravage, ſuperbe épreuve.

ŒUVRE DE P. P. RUBENS,

Suivant l'ordre du Catalogue de ce Maître, qu'en a donné le ſieur Baſan.

296 Sept piéces, dont le portrait de l'Auteur, par Pontius: Loth ſortant de Sodôme: Job ſur le fumier, &c.

297 Treize ſujets divers: Loth & ſes filles: le ſacrifice d'Abraham: le chandelier à ſept branches: le ſerpent d'airain, &c.

298 Eſther, par Colyns: la même, par Panneels, & Suſanne, par Jeghers.

299 Onze ſujets divers; Judith par Galle; Daniel, par Bloteling: Suſanne, par Vorſterman: l'Annonciation, par Bolſwert, &c.

300 Huit ditto: Nativité par le même: autre idem, par Witdoeck: Adoration des Rois, par Ryckmans, &c.

301 L'Adoration des Rois, par Lauwers; & celle par Witdoeck, numéros 17 & 18.

302 Sept pieces: grande Adoration des Rois, en deux feuilles: autres idem par Lommelin, Vorſterman, & Frezza: numéro 19, 22 & 24, &c.

303 Sept autres: Baptême de Notre-Seigneur, par Lommelin & Panneels: retour d'Egypte, de Bolſwert: préſentation au temple, &c.

304 La ſuite en Egypte, par Marinus, & la Préſentation, par P. Pontius.

305 Dix pieces: Jéſus-Chriſt tenté dans le déſert: la fille d'Hérodiade, de Panneels: Jéſus-Chriſt donnant les clefs à Saint Pierre, &c.

306 La grande pêche en trois feuilles: le même ſujet, & Saint Pierre recevant les clefs, par Soutman.

307 La Magdeleine chez le Phariſien, par Panneels & Monaco; la Cêne, par Bolſwert.

308 La grande Cêne en travers de L. de Vinci, par Soutman.

309 Six pieces, dont la Priere au Jardin des Olives, par Baillu; Portement de croix de Pontius, *Ecce Homo*, &c.

310 La grande élévation de croix, en trois morceaux de Witdoeck.

311 Deux grandes Adorations des Rois & des Bergers, au flambeau & à l'araignée, par Vorſterman, très-belles épreuves.

312 Le grand Chriſt entre les deux Larrons, à qui un ſoldat perce le côté d'une lance, & la Pentecôte, d'après le même.

313 Cinq Chriſt divers, par Bolſwert, Soutman, Vorſterman, &c.

314 La Deſcente de croix, par Clouvet n°. 97.

315 Sept ſujets divers, Deſcente de croix, par Waumans; Chriſt mort de Bolſwert, Réſurrection, &c.

316 Six autres, dont les Pélerins d'Emaüs; l'Ascension, la Trinité, la Pentecôte de Pontius, &c.

317 Quatre idem, chûte des Anges de Van-Orley, Conversion de Saint Paul, &c.

318 Dix sujets divers, Evangélistes, & pendant; les Peres de l'Eglise avec Sainte Claire, par Eynhouedts; la Sainte Vierge & Saint François appaisant la colere de Dieu, prêt à foudroyer le monde; piece rare, non compris au Catalogue de l'Œuvre, &c.

319 Neuf autres piéces du même Rubens; le triomphe de la Loi nouvelle; la destruction de l'idolatrie; l'épitaphe de Rubens avant la lettre, &c.

320 Plusieurs groupes d'Anges dans une gloire; piece rare; n°. 21 des Allégories sacrées.

321 Les deux grands triomphes de l'Eglise & de l'Eucharistie, par Lauvers.

322 La résurrection du Lazare, par Bolswert.

323 L'Ange qui apparoît aux saintes Femmes, par Vorsterman, superbe épreuve.

324 Sept sujets divers, d'après le même, par C. Visscher, Bolswert, & autres; dont la Nativité, le Jugement dernier, &c.

325 Onze sujets de Vierges, Assomptions, par Bolswert, Panneels, Lommelin, &c.

326 Quatorze autres idem, Couronnement

de la Vierge ; Jésus au berceau, par Vorsterman ; premiere épreuve, &c.

327 Douze pieces, sujets de Vierges, par Vorsterman, Bolswert, & autres.

328 Trois saintes Familles, par Witdoeck, &c.

329 Deux épreuves avec différences de la grande Vierge assise sur le haut d'un dégré, & environné de plusieurs Saints, par Snyers, n°. 61.

330 Quatorze sujets de Saints, & autres, dont Saint François stigmatisé, & communiant ; Vierge debout dans une niche, &c.

331 Quatorze autres idem ; Saint François, de Visscher ; Saint François Xavier, & Saint Ignace, &c.

332 Saint Ignace guérissant des Possédés, & son pendant ; de plus, la communion de Saint François, de Snyers.

333 La même communion de Saint François ; & Saint Martin faisant l'aumône, par Chambars.

334 Treize sujets divers, Mariage de Sainte Catherine, Saint Etienne lapidé, le Martyre de Saint Livins, &c.

335 Vingt-quatre autres idem ; l'Education de la Vierge, le Martyre de Saint Thomas, &c.

336 Sept pieces, dont les trois Graces, le Jugement de Pâris, par Lommelin ; Progné, &c.

337 Cinq idem, dont le *Quos Ego*, par Daullé: le festin des Dieux; par Wingaerde: les Amours allaités par Vénus, de Corn. Galle; la toilette de Vénus, &c.

338 Huit sujets de Bacchanales, par Soutman, van-Orley, Voet, &c.

339 Cinq autres idem: Satyre tenant une corbeille de fruits: grande Bacchanale, par Soutman, avant les draperies. &c.

340 La bataille des Amazones en six morceaux: celle de Constantin, & son pendant.

341 Le plafond de Witte-hall, en trois pieces; & l'enlévement des Sabines, par Martenasie.

342 Quinze sujets divers: Charité Romaine, Cambise, la continence de Scipion, le grand Visir à cheval, &c.

343 Cinq idem: Jardin d'Amour, de Clouvet: la même estampe gravée en bois: soldats faisant tapage: la Segnora, &c.

344 Six portraits, dont Charles V: le Cardinal Infant: Philippe IV, & son épouse, &c.

345 Sept autres portraits: l'Archiduc Albert, & l'Infante Isabelle, par Muller: les autres sont par Soutman, &c.

346 Trois autres: l'Archiduc Albert, & l'Infante, à genoux, par Harrewin: numéro 29 & 30 des portraits: Isabelle, en Religieuse, &c.

347 Cinq portraits de Rubens, & de sa famille, par Pontius, Daullé, &c.

348 Deux grands portraits, avec attributs: Charles de Longueval, & le Duc d'Olivarès.

349 Trente-six portraits divers, & bustes de Philosophes.

350 Une mere avec quatre enfans, gravée en maniere noire, par M. Ardell; & de plus deux camées de la Sainte-Chapelle, & du cabinet de Lempereur.

351 Vingt-trois titres divers, parmi lesquels il s'en trouve de fort rares: numero 1, &c. des titres de Livres.

352 Vingt-six autres idem, dont celui du Samson mystique, très-bien coloré, & plusieurs autres fort rares.

353 Le titre de *Militia equestri antiqua & nova*. Il est accompagné de quarante-six estampes qui s'inserent dans l'Ouvrage, & qui représentent diverses évolutions militaires.

354 La suite des douze Apôtres, par Ryckmans; & de plus trente quatre estampes faites pour divers Missels.

355 Quarante-huit autres pieces idem, d'après le même, dont plusieurs à l'eau-forte, par Panneels, &c.

356 Neuf autres pieces idem, à l'eau forte, par Wingaerde, Hollar & van Kessel.

357 Deux grandes pieces en plusieurs feuilles: combat des Amazones, &c.

358 Dix-huit estampes gravées par Punt, d'après les plafonds de l'Eglise de Jesus, à Anvers.

359 La ſuite des quinze eſtampes in-8°. qui ſe trouvent dans un Livre qui traite de l'hiſtoire des Hoſties miraculeuſes, & de plus la même ſuite copiée.

360 Soixante quatre petites pieces de Vierges, Saints & Saintes, nommées vélins.

361 L'hiſtoire d'Achilles par Ertinger, en huit pieces.

362 Les cinq premiers ſujets de l'hiſtoire de Decius.

363 L'hiſtoire de Conſtantin en douze pieces, par Tardieu.

364 La Galerie du Luxembourg en vingt-cinq pieces.

365 La ſuite complètte des eſtampes de l'entrée du Prince Ferdinand dans Anvers.

366 Trois grandes chaſſes par Bolſwert, Soutman & Van-Leuw, & de plus quatre bas-reliefs par Van-Keſſel.

367 Quatre autres idem, aux ſangliers & au crocodile par Soutman & Van Leuw.

368 Quatre bas-reliefs par Van-Keſſel, & de plus trois chaſſes par Moireau, Goupy, &c.

369 La ſuite des vingt-un moyens payſages, par Bolſwert.

370 Treize payſages & ſujets divers, dont pluſieurs par Van Uden, Van-Keſſel & autres : le portail des Jéſuites d'Anvers, &c.

371 Vingt moyens payſages, d'après le même, par Bolſwert & autres.

372 La ſuite des ſix grands payſages par Bolſwert, anciennes épreuves.

373 L'Abreuvoir, grand payſage gravé à Londres par Browne.

374 Cinq petits ſujets, lions de Bloteling, & combat des Dragons.

375 Cinquante-huit pieces du Livre à deſſiner, emblêmes, le mord du cheval, têtes de différens caractères par le Comte de Caylus, &c.

Fin des pieces de l'Œuvre de Rubens.

---

376 Douze ſujets divers d'après Van-Dyck, Chriſt mort, portement de croix, Pentecôte, &c.

377 Le Chriſt mort par Vorſterman, autre ſujet pareil par Van-Wyngaerde, & le portement de croix par C. Galle.

377 *bis.* Dix-huit ſujets divers, d'après le même, dont Sainte Roſalie, la Communion de Saint Bonaventure, Saint Auguſtin, le Martyre de Saint George rare, Jupiter & Antiope, &c.

378 Quatre pieces, d'après Van-Dyck & autres, dont le denier de Céſar par Vorſterman, la folie de Jordans, &c.

379 Une très-bonne copie du Couronnement d'Epines de Van-Dyck, par Falk, de même grandeur que l'original.

380 Treize groſſes têtes diverſes, par Suyderhoef, Lowys & autres, d'après le mê-

me, dont Charles I, l'Infante Isabelle; le Prince de Savoye, &c.

381 La suite des Comtesses, en douze morceaux; & de plus, le C. d'Aremberg à cheval.

382 Cent cinquante-trois portraits d'Artistes & autres personnages illustres dans l'épée & dans la robe, gravés d'après van Dyck, par Bolswert, &c.

383 Quatre sujets, d'après J. Jordans, dont Saint Martin de Tours, le grand Christ, &c.

384 Le Martyre de Sainte Appoline, par Marinus.

385 Le Roi boit, par Pontius, & la Récréation de la table, par Moitte.

386 Quatre, par le même; Mercure & Argus, la Chevre Amalthée & le Concert.

387 Neuf autres idem; Satyre chez le Paysan; la Femme à sa toilette, &c.

388 Notre-Seigneur chez Nicodême, & l'Annonciation; gravés par Bolswert, & P. de Jode, d'après Seghers, des premieres épreuves.

389 Quarante sujets divers, gravés par Lucas de Leyde, & autres anciens Maîtres.

390 Le grand Ecce Homo, de Rembrandt, épreuve avant l'adresse d'Amsterdam.

391 Seize sujets divers, par le même, dont le grand Lazare, la mort-aux-rats, le Baptême de l'Eunuque, &c.

392 Le portrait de Copenol en grand, par

par le même, & de plus, une épreuve de la même planche coupée.

393 Trois portraits, par le même, Lutma, Asselyn, &c.

393 *bis*. Cinq piéces, du même, dont la grande Descente de croix, la Mort de la Vierge, &c.

394 Les trois croix, grande piece en travers imprimée sur parchemin, par le même.

394 *bis*. Saint Jérôme assis auprès d'un gros arbre, tenant un grand livre, par Van-Uliet, ancienne épreuve.

395 Loth & ses Filles idem, très-belle épreuve.

396 Trois sujets gravés dans la maniere de Rembrandt, par feu Schmidt, de Berlin, la Circoncision, Agar répudiée, &c.

397 Cinq sujets & têtes, par le même, dont un d'après Ostade, gravé dans le goût de Visscher, Cats avec le jeune Prince d'Orange, &c.

398 Trente-huit petits sujets & paysages divers, dont les gueux de Van-Uliet, les Soldats par Maas, &c.

399 Huit pieces diverses, dont plusieurs du Cabinet de Rheinst, Bocace, le Giorgion, &c.

400 La Passion de Notre-Seigneur, en douze pièces, par Goltzius.

401 Trente-six petites têtes diverses, hommes & femmes, gravées par Hollar, anciennes épreuves.

402 Dix-ſept petites vues & marines diverſes, par le même, dont le portail de la cathédrale de Straſbourg, pluſieurs vues de Londres, &c.

403 Vingt-ſix payſages & ſujets divers, par Vande-Velde, Elzeimer, Hollar & autres.

404 La tyrannie des François dans un Village de la Hollande en 1672, le maſſacre des ſieurs de Wit, grands Penſionnaires de la Hollande; de plus, leur ſupplice, en quatre morceaux; en tout ſix pieces, ſuperbes épreuves.

405 Trois autres grandes pieces hiſtoriques, par le même; Couronnement de l'Empereur Joſeph I, le ſiége de Buda, &c.

406 L'Adoration des Bergers, par Saenredam, d'après Ab. Bloemaert, ſuperbe épreuve.

407 Treize grands ſujets divers, par N. de Bruyn, ſujets de la Vie & Paſſion de N. S. &c. anciennes épreuves.

408 Soixante-quatorze autres ſujets & payſages, par le même.

409 Trente-ſept petits & moyens payſages pittoreſques, par Ab. Bloemaert.

410 Vingt-huit autres payſages, par Sadeler, d'après Breughels, P. Bril, &c. anciennes épreuves.

411 Soixante-un petits ſujets & animaux divers, par Vierix, N. de Bruyn, & autres; bonnes épreuves.

412 Trois pieces, par C. & J. Viſſcher, les

Violoneurs, la mort-aux rats, & la Bohémienne; anciennes épreuves.

413 Quatre moyens sujets de tabagie, par C. Visscher; des premieres épreuves, & avec différences.

414 La dispute des paysans à coups de coûteaux, d'après Ostade, par Suyderhoef; très-belle épreuve.

415 Autre sujet pareil en travers, d'après G. Terburg, par le même; premiere épreuve; & de plus, les Fileuses, de forme ovale, d'après Ostade, par Suyderhoef; premiere épreuve avant la lettre.

416 Huit des mois, composés & gravés par P. Nolpe, anciennes & belles épreuves.

PIÉCES gravées à Londres, à la maniere noire.

417 Les Amours des Dieux en dix pieces, par Smith, d'après le Titien: belles épreuves.

418 Quinze sujets & portraits divers, par le même, dont Sainte Catherine, le Frere Quêteur, &c.

419 Quinze portraits d'hommes & femmes, idem.

420 Trois sujets de la Fable, par Verkolie, d'après Netscher & autres: anciennes épreuves.

421 Cinq moyens portraits d'hommes & femmes, par Mac-Ardell & autres, d'après Reynolds, &c.

422 Quatre ſujets & portraits, par M. Ardell, dont la fille de Tancrede, pleurant ſur le cœur de ſon amant; & Judith: toutes deux avant la lettre, &c.

423 Notre-Seigneur entre les deux larrons, d'après Rubens; & un concert, d'après Scalken.

424 Un repos en Egypte, d'après le Corrége; & un grand Chriſt ſeul, d'après van-Dyck.

425 Saint François de Paule, par M. Ardell, d'après le Murillos; & Sainte Genevieve, d'après Vanloo: des premieres épreuves.

426 Rubens, ſa femme & ſon fils qu'elle tient par la liſiere, par le même: premiere épreuve avant la lettre.

427 Le denier de Céſar, par le même, d'après Rembrandt, auſſi avant la lettre.

428 Les portraits en grand du Roi & de la Reine d'Angleterre, par Houſton, d'après Zoffany.

429 La Ducheſſe de Malborough & la Comteſſe de Coventry, par Watſon.

430 Deux pieces, par Earlom & Taſſaert: Jéſus rompant le pain, & une Vierge tenant l'Enfant Jéſus.

431 La boutique du Maréchal, par Pether; & le Chaudronnier de campagne, par Finlayſon.

432 La famille de Rubens, ſujet en travers par Taſſaert, avant la lettre; & un clair de lune, d'après M. Vernet.

433 La mort de Lucrece, & Vénus & Adonis, d'après le Pouſſin, par Earlom.

434 Deux figures de mandiants, d'après le Murillos, auſſi à la maniere noire, par Dawe: premieres épreuves avant la lettre.

435 Le vieux Rabbi, par Pether, d'après Rembrandt : premiere épreuve.

436 Trois ſujets & portraits, dont les Muſiciens, avant la lettre: J. J. Rouſſeau, &c.

437 Trois pieces idem, dont un Buveur d'après Brouver; Madneſſ, d'après Pine; & le portrait de Paoli.

438 Le portrait de Woodward, célèbre Comédien Anglois, & deux autres portraits de femmes.

439 Le grand Chriſt mort, d'après le Carrache, dont le tableau eſt au Palais Royal gravé en maniere noire, de même grandeur que l'eſtampe de Roullet.

440 Un Guerrier, d'après le Giorgion, par Pether, & Saint Jean au mouton, d'après le Murillos, par Green; toutes deux avant la lettre.

441 L'Ecole Hollandoiſe, grand ſujet en travers, d'après Duſart, par Green, & Una converſant avec un lion, par Earlom.

442 Miravan ſurpris à l'ouverture du tombeau de ſon pere, & une ſcene de Comédie Anglaiſe.

443 Le nouveau Pantheon de Londres, & la ſalle où s'expoſent les tableaux des Artiſtes, par Earlom.

Pièces au burin, aussi gravées à Londres.

445 Neuf jolis petits ſujets de Vierges, & autres, par Bartolozzi, imprimés en rouge, & gravés d'après C. Dolci, Ferrata, &c.

446 Clytie changée en tourneſol; grand ſujet en rond, d'après Ann. Carrache, par le même; premiére épreuve avant la lettre.

447 La même eſtampe, avec la lettre.

448 Vénus careſſant l'Amour, par le même, d'après J. Jordans.

449 Les Payſans en joie deſſous une treille, & ſon pendant, par Woollett, d'après Duſart, premieres épreuves.

450 Les Enfans de Niobé punis, par le même, imprimé ſur papier de la Chine, & premiere épreuve.

451 Phaëton demandant à conduire le char de ſon pere, du même Woollett.

452 Ceyx & Alcyone, idem.

453 Macbeth, idem.

454 L'hyver & tems neigeux, idem.

455 Une chaſſe, par le même, premiere épreuve avant la lettre; c'eſt la premiere des quatre.

456 Le chien d'Eſpagne idem, & ſon pendant par Smith. Cette derniere piece eſt avant la lettre.

457 Timon dans Athènes, grande piece gravée par Hall, d'après Dance, premiere épreuve avant la lettre.

458 Vénus & Danaé, par M. Strange, premieres épreuves avant la lettre, d'après le Titien.

459 Sainte Cécile, d'après Raphaël, & la Sainte Vierge du Corrége qui y fait pendant, aussi par le même & avant la lettre.

460 Esther & Abraham, d'après le Guerchin, idem avant la lettre.

461 La Toilette de Vénus, d'après le Guide, des premieres épreuves par le même.

462 Quatre grandes ruines Romaines, d'après J. Paul, par Muller.

463 Un superbe paysage, d'après Rubens, auprès duquel est un abreuvoir, gravé par Browne.

464 Deux paysages par Vivarès, d'après Zuccarelli, de forme ronde & dans lesquels Bartolozzi y a gravé les figures : de plus, un paysage d'après Rubens, par le même Vivarès.

465 Quatre grandes pieces, aussi gravées à Londres, dont le grand Bélisaire d'après Van Dyck par Scotin; la flatterie des Courtisans de Canut le Grand, réprimée, &c.

466 Dix-sept sujets & paysages gravés à l'eau-forte par Winstanley, d'après plusieurs grands Peintres Italiens & Flamands, du Cabinet du Comte Derby.

467 Dix-sept autres portraits historiques & pieces d'Antiquités gravés à Londres, dont Newton, Milton, Sydney, Van-Somer, &c.

Fin des pieces d'Angleterre.

468 Quatre pieces d'après le Poussin, Baptême de N. S. en deux feuilles, Moyse foulant aux pieds la Couronne, Sainte Famille par Poilly, &c.

469 Le Tems qui enleve la Vérité du même, premiere épreuve avant la draperie.

470 La Présentation au temple, d'après Boullongne, par Drevet.

471 Onze sujets divers, dont le tombeau du Cardinal de Richelieu, qui se voit dans l'église de la Sorbonne, &c.

472 Développement général & platfond de la grande galerie de Versailles, d'après le Brun, par M. Cochin: premiere épreuve.

473 La tente de Darius, par Drevet, d'après Mignard: premiere épreuve.

474 Le même sujet, d'après le Brun, encadré avec bordure dorée & beau verre blanc.

475 Douze pieces diverses, d'après le Brun, Mignard & Jouvenet, dont la Présentation au temple, par Loir, &c.

476 Trois grandes pieces: la Samaritaine du Carrache, par Simoneau: Saint Pierre guérit le boiteux, du Poussin, par Stella: & la guérison des Paralitiques, d'après Jouvenet.

477 Le grand Christ aux Anges de le Brun, en deux feuilles, par Edelinck: premiere épreuve.

478 La défaite de Porus en quatre morceaux;

& la bataille de Conſtantin, en trois; toutes deux, d'après le Brun, par G. Audran: très-belles épreuves.

479 Trois grandes pieces en pluſieurs feuilles, de Vander Meulen, dont le pont Neuf; la vue de Courtray, &c.

480 Notre-Seigneur deſcendu de la croix, gravé par Boulanger, d'après Sébaſtien Bourdon, premiere épreuve.

481 Cinq ſujets de Vierges, d'après le même, dont celle au ſein découvert: des premieres épreuves.

482 Quatre ſuperbes épreuves d'Hercule filant auprès d'Omphale, & les trois autres pendants, d'après le Moine: ſupérieurement deſſinés & gravés par L. Cars, célebre Graveur qui ne ſera remplacé de long-tems, & dont le mérite n'eſt apprécié que par les véritables Connoiſſeurs,

483 La communion de Saint Charles, par de Poilly, d'après Mignard, de deux épreuves différentes, & belles.

484 Le Corps de Garde, d'après C. Vanloo, par Deſmarteau; premiere épreuve avant la lettre.

Uliſſe faiſant enlever le jeune Aſtianax; grande & belle compoſition au lavis, d'après M. Doyen, gravée par Charpentier.

Et de plus, quatre autres pieces, par Deſmarteau, Lucien, &c.

485 Quatre pieces, par M. le Bas, d'après Wouvermans & Parrocel, dont le pot au lait, &c.

486 Le Mariage de Psiché, d'après Boucher, par Beauvarlet; premiere épreuve avant la lettre.

487 Susanne surprise au bain par les Vieillards; gravée par Porporati, d'après Santerre; premiere épreuve avant la lettre.

488 La même estampe, épreuve avant sa présentation & réception à l'Académie Royale.

489 La Conversation espagnole, & son pendant, d'après Vanloo, par M. Beauvarlet, des premieres épreuves, avant la lettre, & superbes.

490 Les deux mêmes estampes, avec la lettre, aussi très belles épreuves, & premieres.

491 Trois pieces, par M. Wille; l'Observateur distrait, son pendant, & le Petit Phisicien.

492 Sainte Genevieve, par Balechou; premiere épreuve avant les traits sur l'écriture.

493 Deux sujets, d'après le même C. Vanloo, le Bacha, & le concert du Sultan; cette derniere est avant la lettre.

494 La tempête, d'après M. Vernet, par Balechou: premiere épreuve avant les raies sur l'écriture, & l'adresse.

495 Le calme idem, mais avec les raïes.

496 Les Baigneuses idem, toute premiere épreuve.

497 Deux grandes marines, d'après le même; galeres & vue de Naples par M. le Bas, premieres épreuves avant la lettre.

498 Les quatre Heures du jour, du même, par M. Aliamet, des premieres épreuves.

499 Quatre naufrages & marines, idem, par Charpentier & Avril.

500 Le Feſtin Eſpagnol, par M. Lempereur, premiere épreuve avant la lettre.

501 L'ancien Port de Gênes, par Aliamet, premiere épreuve.

502 Monſeigneur le Comte d'Artois & Madame ſa Sœur, d'après Drouaîs par Beauvarlet, premiere épreuve avant la lettre.

503 Deux pieces, par le même; le Bourguemeſtre d'après Oſtade avant la lettre, & les enfans de Bethune, premiere épreuve.

504 Les deux chaſſes de M. Flipart, d'après Vanloo & Boucher, des premieres épreuves avant l'adreſſe & ſur papier des Indes.

505 L'Enfant gâté, premiere épreuve avant la lettre, & la Savonneuſe, d'après M. Greuze, premiere épreuve.

506 Le Paralytique, d'après le même Peintre, habile en ce genre, & gravé ſupérieurement par M. Flipart, premiere épreuve.
L'Accordée de Village, idem.

507 La Mere bien-aimée, d'après le même, & gravée par M. Maſſard, épreuve ſur papier des Indes & belle, quoique du quatrieme cent, car les trois premiers n'ont preſque pas encore vus le jour.

508 Quatre grands payſages en travers, d'a-

près Dietricy par Benazech, des premieres épreuves avant la lettre, nappe d'eau & pendant.

509 Le Coucher de la Mariée, d'après Baudouin, premiere épreuve avant la lettre. Le Modele honnête, du même.

510 Trois pieces, d'après le même par Delaunay; l'Epouſe indiſcrette & pendant, &c. premieres épreuves.

511 Les ruines de la Grèce, gravées par M. le Bas, en vingt-cinq morceaux, des premieres épreuves.

512 Dix-ſept grandes & moyennes pieces à l'eau-forte, dont pluſieurs des ports de France, par M M. Cochin & le Bas, &c.

513 Six ſujets & payſages divers, d'après MM. Natoire, Lagrenée, &c. par le Veau & autres.

514 Deux ſujets, par Scheneau, dont la lanterne magique, par Ouvrier, &c. premieres épreuves.

515 La ſuite des miſeres de la guerre, par Callot, anciennes épreuves.

516 Deux épreuves de l'apothéoſe d'Iſis, par le Clerc, dont une avant la lettre & avec les Danſeurs.

517 L'entrée d'Alexandre, & l'Académie des Scinces, du même; ſuperbes épreuves.

518 L'Académie, ſeule, épreuve avant l'ombre continuée.

519 Cent vingt-cinq petites pieces, par le même. Caractère des paſſions: livre de deſſins, &c.

520 Le grand feu d'artifice de Rome, gravé par M. Cochin; l'épreuve de l'eau-forte pure s'y trouve jointe.

521 Dix-ſept jolies vignettes, par le même; pour les Œuvres de J. B. Rouſſeau: le lutrin, de Boileau, &c. des premieres épreuves.

522 Vingt-quatre autres idem, faites pour différens ouvrages de Littérature & mauſolées.

523 Dix pieces modernes, gravées par Godefroy & autres, d'après Fragonard, Greuze, &c. &c.

524 Trente-trois morceaux détachés du cabinet de M. le Duc de Choiſeul, collées ſur pluſieurs feuilles & ajuſtés à filets d'or.

525 Vingt-quatre ſujets des Métamorphoſes d'Ovide, par le Mire, &c. ſur ſix feuilles, auſſi ajuſtés à filets.

526 Quatre pieces, par Morin & autres, dont Coriolan, d'après de la Foſſe: Tobie, de Coypel, &c.

527 Quatre, par Cars & Daullé, d'après le Moine & le Nain, & de plus les Ecoſſeuſes, d'après Greuze: premieres épreuves.

528 Sept pieces, par Daullé: vues de Rome, &c. dont pluſieurs avant la lettre.

529 Quatre ditto, par Lempereur, Beauvarlet, &c. dont les forges de Vulcain: l'Amour enchaîné, &c.

530 Huit pieces diverſes, par Daullé, d'après de Troy, Hallé & autres.

531 Six ſujets de Vierges, par van-Schuppen, Edelinck, &c.

532 Une ſainte Famille en hauteur, d'après le Brun, par Edelinck: de deux épreuves différentes avant & avec la lettre.

533 La guériſon des malades: le *Magnificat*, & le mariage de la Vierge, d'après Jouvenet.

534 Les batailles d'Alexandre en ſix pieces avec bordures à l'entour, gravées par Picart, &c.

535 Six copies différentes de l'entrée d'Alexandre, & pendant, d'après S. le Clerc, par Stein, Pacot, &c.

536 Quatre pieces, par M. Wille: Liſeuſe: Ménagere: Ecoliere, & Maîtreſſe d'école.

537 Six ſujets de Vierges, par Boulanger, Dorigny & autres: & de plus Ananie puni de mort, par Audran.

538 Sept autres pieces idem, dont l'incrédulité de Saint Thomas, par Hollar: Adam & Eve, de Baudet, &c.

539 Trente-une pieces à l'eau-forte, par Bénédette: & de plus Mars & Vénus, de M. Antoine.

540 Vingt autres pieces à l'eau-forte, par Chaſteau & Vanloo, d'après Bénédette.

541 Huit, par C. & J. Viſſcher, dont les Violonneurs, la Bohémienne, le chat, &c.

542 La chambre nuptiale de la Reine de Suede, par C. Viſſcher, ſuperbe épreuve.

543 Six pieces, d'après Oſtade, & autres,

dont la tabagie, par C. Visscher, l'assemblée des Quakers, &c.

544 Seize autres pieces du Comte Goudt, & autres.

545 La danse des Morts, avec bordures, gravé en trente petits morceaux par Hollar.

546 La grande Chartreuse, & deux épreuves avec différences de la publication de la paix à Anvers, par le même.

547 La femme adultere, d'après J. Romain, par Hollar, deux grandes eaux-fortes, de Breemberg, & trois autres pieces de Breughels, &c.

548 Quarante-trois pieces diverses, paysages, de Berghem, Genoels & Hugtenburg.

549 Treize grands sujets de l'Ancien & Nouveau Testament, par N. de Bruyn.

550 Vingt-trois sujets divers, par Matham, Sadeler, & autres.

PORTRAITS DIVERS.

551 Deux, par C. Visscher, le petit Coppenol & Vondelius, superbes épreuves.

552 Neuf, par Suyderhoef, dont Swalmius tenant un Livre, Hoornbeeck idem, de la Chambre, Heydanus, &c. anciennes épreuves.

553 Cinquante petits portraits de différents personnages illustres, par Sandrart, Goltzius, Mellan, &c. belles épreuves.

554 La suite des Impératrices Romaines, par Sadeler, en quatorze pieces, des premieres

épreuves, parmi lesquelles il s'en trouve quatre avant la lettre.

555 Les douze portraits, d'après Van-Dyck, par Lombart, anciennes épreuves.

556 Cinq de différents Princes & Amiraux, par Bloteling, &c. dont le Czar Pierre I, l'Amiral Slellingwert, &c.

557 Onze grosses têtes, Empereurs de la Maison d'Autriche, par Van-Sompel.

558 Cinq portraits, dont deux têtes au maillet par Lutma, Cromwel par Lombart rare; le Duc de Malborough, & le Prince Eugene de Picart.

559 M. Bossuet en pied par Drevet, d'après Rigaud, superbe épreuve.

560 Samuel Bernard, par les mêmes, premiere épreuve, avant la qualité de Secrétaire d'Etat.

561 Le même portrait encadré.

562 M. le Comte de Saint-Florentin, par M. Wille, très-belle épreuve.

563 Cadet à la Perle, par Masson, premiere épreuve; & le portrait de Champagne par Edelinck, idem.

564 Douze beaux portraits d'Edelinck, dont le Brun, Léonard, le Chancelier le Tellier, la Reine Christine de Suede avant la lettre, &c.

565 Six autres par Balechou, dont Voltaire, M. de Jullienne, &c. & de plus Rousseau & Mignard par Schmidt.

566 Dix-neuf portraits divers, par Drevet, Nanteuil & autres, dont plusieurs sont avant la lettre.

567 Quatorze autres portraits divers, d'après Rigaud & autres, dont M. Orry, &c.

568 Vingt-un Artistes divers de la suite des portraits de l'Académie Royale de Peinture.

569 Vingt-trois portraits par Drevet, Chereau & autres, dont le Cardinal de Richelieu, l'Abbé Bignon, &c.

570 Trois portraits de femmes, dont celui de Madame Boucher en vestale par Dupuis, Mademoiselle Dufresne par Lépicié, &c.

571 Dix petits portraits de la Fontaine, Voltaire, Moliere, Descartes, &c. par Fiquet, des premieres épreuves, dont sept se trouvent avant la lettre.

572 La même suite aussi des premieres épreuves avec la lettre.

573 Vingt-cinq autres petits portraits divers par Fiquet, Beauvarlet, le Mire, Savart, &c.

574 Les Peintures des Loges du Vatican, par Chaperon, d'après Raphael, en cinquante quatre pieces, y compris les titres, reliés en un volume.

575 Un vol. *in-folio* relié, contenant quatre-vingt-six portraits divers gravés à Londres à la maniere noire par Smith, de White, & autres. Il y en a plus de soixante par Smith, parmi lesquels se trouve son por-

trait, ceux de Kneller, le Maréchal de Schonberg, le Moine, M. le Noſtre, & beaucoup de femmes célebres.

576 Un portefeuille de diverſes eſtampes.

577 Pluſieurs portefeuilles de diverſes grandeurs.

FIN.

Lû & approuvé ce 18 Nov. 1776. COCHIN.

A PARIS. De l'Imprimerie de PRAULT, Imp. du Roi, Quai de Gêvres.

www.ingramcontent.com/pod-product-compliance
Ingram Content Group UK Ltd.
Pitfield, Milton Keynes, MK11 3LW, UK
UKHW021214230726
13926UKWH00003B/1019